LES REINES DE PERSE AUX PIEDS D'ALEXANDRE.

PEINTURE DU CABINET DU ROY.

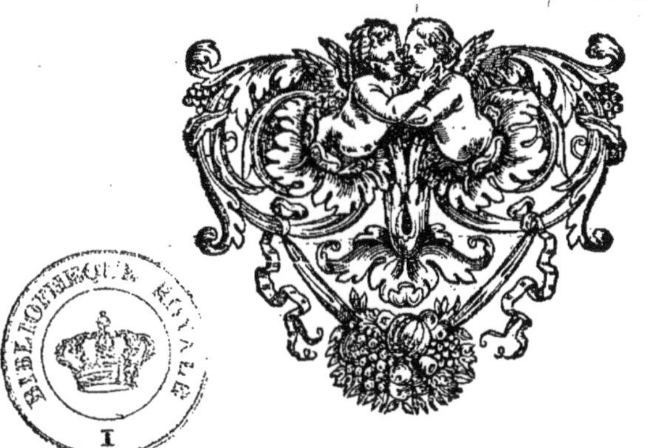

A PARIS,
Chez PIERRE LE PETIT, Imprimeur & Libraire ordinaire de sa Majesté, rüe S. Iacques, à la Croix d'Or.

M. DC. LXIII.

AVEC PRIVILEGE DU ROY.

AV ROY.

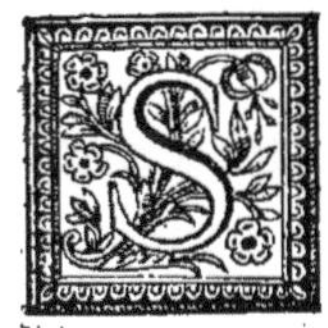

IRE,

La grande Science des Rois est sans doute de sçavoir regner ; & l'on peut dire qu'vn Prince possede toutes les autres quand il possede celle-là. En effet, lors qu'il sçait gouverner son Royaume, il a non seulement vne connoissance superieure à celles de toutes les Sciences

& de tous les Arts; mais il eſt le maiſtre, ou plûtoſt le pere des Arts & des Sciences. C'eſt luy qui leur donne l'eſtre, qui contribüe à leur accroiſſement, & qui les fait vivre parmy ſes Sujets.

VOSTRE MAIESTE a receu du Ciel cette Science toute divine, & elle s'en ſert avec de ſi grands avantages, qu'elle donne de l'étonnement à toute la terre.

C'eſt ſçavoir regner, SIRE, que d'avoir remporté tant de victoires, conquis tant de villes, donné la paix à toute l'Europe, établi le repos dans ſon Royaume; que de travailler continuellement au ſoulagement de ſes peuples, & chercher ſoy-meſme les moyens de les rendre heureux, & d'affermir leur bon-heur. C'eſt, dis-je, ſçavoir regner, & ſçavoir regner en grand Prince, en Prince Chreſtien, & en veritable Pere du peuple, qui eſt le titre le plus glorieux que les grands Monarques ayent jamais obtenu de l'amour & de la reconnoiſſance de leurs Sujets.

Les grandes actions que V. M. a faites pendant la guerre, la rendent redoutable à tout le monde, & les actions de juſtice qu'elle fait dans la paix, la font benir de tous les peuples. Mais V. M. ne ſe contente pas de remedier aux deſordres qui ont eſté cauſez dans ſes Eſtats pendant vne ſi longue ſuite de mauvaiſes années ; Elle prend encore le ſoin de tirer d'entre ces deſordres , les Sciences & les Arts , qui eſtoient comme enſevelis , & qui n'oſoient paroiſtre ; Elle les rétablit dans leur premiere dignité ; Elle les honore de ſa protection , & par ſes faveurs elle ajoûte vn nouvel éclat à celuy qu'ils ont receu autrefois de tant de grands Princes, qui deviendroient les imitateurs de voſtre vie, s'ils pouvoient revivre vn jour.

La Peinture, SIRE, qui ne le cede guere à l'Hiſtoire, quand il s'agit d'éterniſer les grands Hommes, ſe ſent tellement obligée au bon accueil que vous luy faites, qu'elle n'eſt en peine que de trouver vne matiere aſſez durable pour conſerver les traits qu'elle veut marquer afin de rendre immortel le nom de V. M. & de faire connoiſtre à la poſterité les obligations qu'elle vous a. Les favorables regards d'vn ſi grand Roy luy ont donné des lumieres plus vives & plus belles, qu'elle n'en avoit eu juſques alors ; & elle ſe ſent échauffée d'vn ſi beau feu, qu'elle oſe tout entreprendre pour luy plaire.

Mais les grandes occupations de V. M. aux

affaires de ſon Eſtat, ne vous donnent pas le loiſir de conſiderer les ſoins qu'elle prend pour ſe rendre agreable à vos yeux, ou plûtoſt V. M. accomplit tant & de ſi grandes choſes à la fois, qu'elle n'a pas le temps de ſe reflechir ſur tout ce qu'elle fait: Car c'eſt V. M. SIRE, qui eſt la premiere cauſe de tout ce que l'on voit aujourd'huy d'illuſtre & de grand. Et ce rare Ouvrage que ſon excellent Auteur vient d'achever, eſt moins vne production de ſon art & de ſa ſcience, qu'vn effet des belles idées qu'il a receües de V. M. quand elle luy a commandé de travailler pour elle.

Il eſt vray auſſi que V. M. a honoré cet Ouvrage de ſon eſtime. Et c'eſt ce qui me donne la hardieſſe de luy preſenter vne copie imparfaite de ce Tableau, ou plûtoſt vne autre Peinture, qui n'a ny traits ny couleurs: mais qui ſervira peut-eſtre à faire remarquer dans l'Original, des traits & des couleurs que l'on n'examine pas aſſez ſoigneuſement, & à faire connoiſtre que Dieu qui met dans l'ame des Rois & des Princes, des Vertus extraordinaires, leur donne encore vne intelligence ſi parfaite de toutes choſes, qu'ils en jugent mieux que tous les autres hommes, puiſque l'approbation de Voſtre Majeſté eſt ſuivie de celle de tous les ſçavans, & meſme de tout le monde.

Car quoy que la voix publique ne ſoit pas toûjours vn témoignage fort aſſuré de la bonté d'vn Ouvrage, principalement cette voix du Peuple qui fait d'abord tant de bruit. Neanmoins quand le Peuple & les perſonnes connoiſſantes s'accordent enſemble pour donner leur approbation, c'eſt vne marque infaillible de l'excellence du Sujet dont ils jugent; parce que le ſimple Peuple voit toûjours bien ſi les choſes ſont naturelles & agreables, & les Sçavans jugent des ſecrets de l'art, & connoiſſent de quelle ſorte l'Ouvrier s'en eſt ſervy pour rendre ſon Ouvrage accompli.

Le Sujet du Tableau dont je veux parler, a eſté pris de cet endroit de l'Hiſtoire où Alexandre accompagné ſeulement d'Epheſtion, va viſiter la Mere & la Femme de Darius, aprés cette grande & memorable journée, où ces Reines & toute la maiſon Royale demeurerent priſonnieres entre les mains du vainqueur.

Le Peintre ne pouvoit expoſer aux yeux du plus grand Roy du monde, vne action plus celebre & plus ſignalée, puiſque l'hiſtoire la rapporte comme vne des plus glorieuſes qu'Alexandre ait jamais faites, à cauſe de la clemence & de la moderation que ce Prince fit paroiſtre en cette rencontre; car en se surmontant soy-mesme, il surmonta, non pas des peuples barbares, mais le vainqueur de toutes les nations.

Comme la disposition d'vn Tableau est la partie que l'on doit considerer la premiere; je diray à V. M. qu'Alexandre estant le Heros, la Figure qui le represente, est la principale de l'Ouvrage, & celle qui paroist le plus. Et quoy qu'Ephestion soit vestu & armé de la mesme sorte qu'Alexandre; neanmoins il y a de la difference dans la matiere, dans les ornemens & dans la richesse de leurs vestemens & de leurs armes. Le casque d'Alexandre est d'or & ombragé de grandes plumes incarnates; sa cuirasse est d'argent enrichie de grotesques d'or; son manteau est de couleur incarnate rehaussé d'or, & attaché sur l'épaule avec vne agraffe de diamant, faite de la mesme sorte que celles dont se servoient les anciens Grecs & Romains.

Mais quant à Ephestion, son casque & la creste qui en fait l'ornement, sont d'vne semblable matiere que le casque d'Alexandre; sa cuirasse paroist d'vn acier fort poli orné de feuillages d'or; son manteau est d'écarlate, attaché pareillement sur l'épaule avec vne agraffe où est enchassé vne Agathe qui repreſente l'image d'Alexandre ; ce qui eſtoit alors vne marque de la naiſſance illuſtre de ceux qui portoient cet ornement.

L'induſtrie de l'Ouvrier eſt admirable, en ce que voulant peindre cette entreveüe d'Alexandre & des Reines, il a choiſi le moment où Syſigambis qui s'eſtoit mépriſe en s'adreſſant à Epheſtion, ſe jette aux pieds d'Alexandre, & luy en demande pardon ; Car il repreſente ce moment là d'vne maniere ſi ſçavante, qu'il fait paroiſtre dans ſon Tableau vne infinité de belles expreſſions qui le rendent incomparable.

Alexandre tend vne main à cette Princeſſe pour la relever, & de l'autre il tient Epheſtion par le bras, & ſemble dire à Syſigambis, qu'elle ne s'eſt point trompée, parce qu'Epheſtion eſt vn autre Alexandre.

Et comme à l'arrivée du Roy, la Mere & la Femme de Darius, les Princeſſes leurs filles, & toute leur ſuite, ſortirent de leur tente pour aller au devant de ce Monarque ; on voit paroiſtre toute cette Cour ſous vn pavillon qui ſert comme de veſtibule & de corps-de-garde à l'apartement de ces Dames, ce qui ſe remarque à vn bouclier qui eſt attaché dans ce pavillon, & que le Peintre y a repreſenté à deſſein.

La Reine Femme de Darius, eſt à genoux derriere Syſigambis, elle porte vne thiare ſur ſa teſte à la mode des Reines de Perſe; ſon manteau eſt de pourpre bordé d'écarlate; Elle tient ſon Fils, & derriere elle ſont les Princeſſes Statira & ſa jeune Sœur.

Statira eſt veſtüe d'vne robe blanche & d'vn manteau bleu paſle rehauſſé d'or. Pour ſa Cadette, ſa robe eſt d'vne étoffe changeante, & ſon manteau d'vn incarnat fort vif.

On voit à la ſuite de ces Princeſſes leur Gouvernante, des Preſtres, des Eunuques, des Mores, & pluſieurs femmes, tous veſtus d'vne maniere differente; ce ſont les Officiers & les Dames de la maiſon Royale.

Il me ſemble, SIRE, que pour confirmer à tout le monde l'eſtime qu'on doit faire de ce Tableau, il ſuffiroit de dire que toutes ces Figures ſont parfaitement diſpoſées, & qu'elles ſont achevées en toutes leurs parties, ſoit pour ce qui eſt du deſſein, ſoit pour ce qui regarde le coloris.

Mais puiſque j'entreprens de faire la Deſcription de cette admirable Peinture, je croy que V. M. ne ſeroit pas ſatisfaite d'vn recit ſi general; Comme elle connoiſt toutes les choſes qui ſervent à perfectionner vn ouvrage, elle

elle trouveroit ſans doute à redire ſi je ne m'étendois pas d'avantage ſur tout ce qu'il y ſa d'excellent dans celuy-cy: Neanmoins j'avouë qu'ayant à en rendre compte à vn ſi grand Prince, & à vn Prince ſi éclairé, j'ay peine à trouver des termes aſſez propres pour en bien décrire la beauté; & je crains de gaſter par la foibleſſe de mes paroles, ces nobles expreſſions que le Peintre a ſi dignement repreſentées par la force de ſon genie.

Cependant c'eſt cette beauté, & ce ſont ces expreſſions que je prétens de remarquer plus particulierement, en faiſant voir combien de paſſions differentes paroiſſent ſur les viſages & dans les mouvemens de toutes les Figures qui rempliſſent ce Tableau. Car ſi les Anciens ont donné tant de loüange à cette Peinture, où Euphranor avoit ſi bien peint Alexandre ſous la figure de Paris, qu'on voyoit ſur ſon viſage, l'équité, l'amour & la vaillance, & qu'il paroiſſoit tout enſemble, juge des trois Deeſſes, amoureux d'Helene, & vainqueur d'Achile; On ne pourra pas avoir moins d'eſtime pour cet Ouvrage où l'on remarque tant de diverſes expreſſions dans vne meſme Figure.

Le Peintre ne s'eſt pas contenté de repreſenter ſur le viſage d'Alexandre, ſa jeuneſſe, la douceur de ſon temperament, ſa valeur, & toutes les autres qualitez que l'hiſtoire nous apprend de ce grand Prince, & dont il fait vne fidelle image ; mais on voit encore dans ſes mouvemens quatre ſortes d'actions differentes. La compaſſion qu'il a des Princeſſes paroiſt viſiblement & par ſes regards & par ſa contenance. Sa main ouverte monſtre ſa clemence & exprime parfaitement la grace qu'il fait à toute cette Cour. Son autre main qu'il appuye ſur Epheſtion, dit aſſez qu'il eſt ſon favori, ou plûtoſt vn autre luy-meſme; Et ſa jambe gauche qu'il retire en arriere, eſt vne marque de la civilité qu'il rend à ces Princeſſes. Le Peintre ne l'a pas fait incliner davantage, parce qu'il le repreſente dans le moment qu'il aborde ces Dames ; que ce n'étoit pas l'vſage des Grecs ; & de plus, qu'il ne pouvoit pas ſe baiſſer beaucoup, à cauſe que dans le dernier combat il avoit eſté bleſſé à la cuiſſe.

Pour Epheſtion il paroiſt tout ſurpris, non ſeulement de ce que Syſigambis s'étoit mépriſe, & de ce qu'Alexandre venoit de dire ſi obligeamment en ſa faveur ; mais auſſi de la beauté des Princeſſes ſur leſquelles on voit qu'il attache fixement ſes yeux. Il eſt de plus grande taille & plus droit qu'Alexandre :

Et neanmoins ces deux Figures sont si bien traitées, & celle d'Alexandre disposée d'vne maniere si noble & si agreable, qu'on voit bien qu'elle represente ce Roy, & qu'elle est la plus considerable de toutes.

C'est en quoy on connoist qu'vn Ouvrier est excellent, quand il sçait si bien disposer son sujet, qu'au lieu de faire paroistre les defauts naturels de la personne qu'il peint, il les déguise adroitement sans rien diminuer toutefois de la veritable ressemblance. On remarque des plus fameux Peintres & Sculpteurs de l'antiquité, qu'ils representoient toûjours Periclés avec vn casque, à cause qu'il avoit la teste mal faite. Et quand Appelles faisoit le portrait d'Antigone, il le peignoit de profil pour cacher le defaut de ce Prince qui n'avoit qu'vn œil.

C'est pourquoy comme Alexandre penchoit naturellement la teste, nous le voyons icy peint d'vne maniere si adroite, que cette action que le Peintre a imitée, non seulement ne paroist pas vn defaut, mais au contraire, il semble que ce seroit vn defaut à la Figure qui le represente, si cette action n'y estoit pas, puis qu'elle y donne & beaucoup plus de grace & beaucoup plus d'expression.

La tristesse, le respect, & l'humilité ne peuvent estre mieux exprimées qu'elles le sont en la personne de Sysigambis. Cette Reine est aux pieds d'Alexandre, où elle fait elle seule la soûmission pour toute sa famille; Elle a les yeux baissez en terre, pour montrer qu'elle ne fait aucune reflexion sur sa fortune passée; ses vétemens mesme si negligemment étendus, témoignent son abaissement. Cependant quoy qu'humiliée & fort soûmise on ne laisse pas de remarquer en elle beaucoup de grandeur & de majesté.

Mais c'est dans la Femme de Darius que la douleur est admirablement dépeinte; on voit dans ses yeux & sur tout son visage, le sensible déplaisir qu'elle reçoit de la condition où elle se voit reduite. Toutefois comme elle est belle & jeune, elle conserve parmi tant de tristesse & de déplaisirs, vne bienseance & vne majesté digne d'vne grande Reine. Et mesme l'on découvre dans ses yeux & dans tous les traits de son visage, l'esperance qu'elle a dans la clemence d'vn Vainqueur si genereux. Car quoy qu'on voye bien par le signe qu'elle fait de la main gauche, qu'elle veut excuser Sysigambis de ce qu'elle s'étoit méprise; on connoist bien aussi qu'en regardant Alexandre de la maniere qu'elle fait, elle tâche encore par ses regards qui sont les interpretes de sa douleur, de rendre l'ame de ce Prince capable de compassion. Elle tient son Fils qu'elle ne presente pas pourtant au Roy, croyant cette action indigne & du Fils & de la Femme de Darius ; mais c'est la Nourice de ce jeune Prince qui le met entre les bras de la Reine sa Mere, & qui semble en regardant Alexandre le conjurer d'en avoir pitié. On voit que ce jeune enfant dans l'innocence de son âge tend les bras à ce Monarque & veut le caresser comme s'il luy demandoit son amitié : C'est ce qui fit dire à Alexandre, en parlant à Ephestion, qu'il eût souhaité de bon cœur que Darius eût eu quelque chose du naturel de cet enfant. Aussi l'on peut remarquer dans cette Peinture, que ny la nouveauté de l'action, ny la mine & les armes d'Alexandre, ny son visage, que ce petit Prince n'avoit jamais veu, ne l'étonnent point ; au contraire en voulant se jetter à son col, il semble encore qu'il luy presente sa Nourice qu'il tient par sa coeffure ; action assez naturelle aux jeunes enfans, qui n'abandonnent qu'avec peine les personnes qui sont d'ordinaire auprés d'eux, & veulent qu'elles ayent part à tout ce qu'ils font.

Pour Statira c'eſt vne Princeſſe qui verſe des larmes, & qui s'abandonne à la douleur : On voit neanmoins qu'elle fait ce qu'elle peut pour ſe retenir & pour cacher vne partie de ſon affliction ; & meſme que voulant étouffer ſes ſanglots & ſes ſoupirs, ſon col & ſa gorge en paroiſſent enflez. Elle tient ſes yeux à demy fermez, comme ſi elle tâchoit de ſe dérober aux regards de ce Vainqueur, & cacher à elle-meſme l'eſtat déplorable où elle ſe trouvoit eſtre : Car quels autres ſentimens pouvoit avoir alors vne auſſi grande beauté & vn courage auſſi royal, ſe trouvant dans vn eſtat de captive & de ſuppliante ? C'eſt cet eſtat infortuné qui fait que cette Princeſſe paroiſt negligée dans ſes habits & dans ſa coeffure, dont les cheveux treſſez & flotans le long de ſon col, n'empeſchent pas qu'on ne voye la beauté de ſa gorge. Cette pudeur ſi bien-ſeante à celles de ſon ſexe, & que les Anciens appelloient le vermillon de la vertu, eſt admirablement peinte ſur ſon viſage ; Et ſon teint ſi blanc & ſi délicat, auſſi bien que ſes cheveux blonds & déliez, font voir la douceur de ſon temperament qui paroiſt encore dans toutes ſes actions.

Quant à ſa jeune Sœur il y a cent choſes à conſiderer en elle ; La douleur, la crainte, &

l'admiration font de differens effets ſur ſon viſage : car la douleur paroiſt dans ſes yeux encore tous moüillez de larmes ; ſes ſourcils avancez marquent ſa crainte, & ſa bouche vn peu ouverte & retirée fait voir ſon admiration. Son coloris & ſes mouvemens font bien connoiſtre qu'elle eſt d'vn naturel plus promt & plus vif que Statira ; car elle eſt vn peu brune & haute en couleur ; ſes cheveux ſont noirs & friſez, & par ſa contenance & par la diſpoſition de ſon corps, on juge de l'activité de ſon eſprit & de l'incertitude de ſes penſées. Elle veut joindre les mains & ne les joint pas ; Elle courbe ſon corps & hauſſe ſa teſte ; Elle a vn genoux à terre & l'autre levé ; Il y a meſme dans ſes habits vn pareil deſordre, qui monſtre bien qu'elle n'eſt pas accoûtumée à ces ſortes de devoirs, & que ſon eſprit eſt ſi agité, que voulant faire ponctuellement ce que ſa Gouvernante luy dit, elle ne ſçait pas meſme ce qu'elle fait.

Car derriere elle paroiſt cette Gouvernante qui d'vne main luy monſtre Syſigambis proſternée aux pieds d'Alexandre, & de l'autre main luy fait voir qu'elle doit comme cette Reine, s'humilier devant ce Conquerant. La Gouvernante ne la touche que du bout du doigt ; ce qui marque le reſpect qu'elle luy porte. Les traits qui forment le visage de cette Dame, representent bien vne Dame de condition, & telle que sont ordinairement celles qui ont la conduite des Enfans des Rois.

Ce qu'il y a encore de considerable dans ce Tableau, sont les differens mouvemens de tant de personnes qui accompagnent ces Princesses, & qui regardent Alexandre toutes diversement, & chacun selon la portée de son esprit.

Il y a proche de la Gouvernante, dont j'ay parlé, vne Dame Persienne, qui paroist saisie d'vne forte crainte & d'vne extrême apprehension. Et comme la peur fait que le sang se retire autour du cœur pour le conserver, parce qu'il est la partie du corps la plus noble, & qu'ainsi les autres membres s'en trouvent dépourveus; on voit que cette Femme a le visage extrémement pasle; que ses levres sont sans couleur; ses yeux enfoncez & obscurs; ses sourcils abatus & retirez; Elle hausse les épaules, & joint les mains.

On voit assez prés de cette Femme vn Persan qui se prosterne contre terre, & qui selon l'vsage de son pays, donne par cette action des témoignages de sa soûmission & de son obeïssance: Car la consternation estoit si grande parmi

parmi ceux de cette Cour, que n'ayant ouï parler que de la valeur & des grandes actions d'Alexandre, ils ne connoissoient pas encore ny sa clemence ny sa generosité.

Cet homme à demy nud qui avance son bras au dessus des Princesses, est vn de ces Eunuques de la suite des Reines, qui fait connoistre à Sysigambis qu'elle s'est méprise; & son action exprime admirablement ce qu'il veut faire entendre. L'estat où il est à demy nud pourroit estre vne de ces licences permises aux Peintres, pour faire voir la connoissance qu'ils ont des muscles & des nerfs, & pour representer ce qu'il y a de plus difficile dans la figure du corps de l'homme, & de plus sçavant dans l'Art de la Peinture. Mais on ne voit point de licence dans tout cet Ouvrage; il tire sa beauté de la verité mesme du sujet qu'il represente, & l'on n'y peut rien trouver à redire puisque la coûtume de ces Peuples estoit de quitter leurs habits & de déchirer leurs vestemens, lors qu'ils se trouvoient dans le deuil & dans l'affliction. Et comme ces gens-là estoient dans vne profonde tristesse, non seulement pour la captivité où ils se voyoient, mais encore par la pensée qu'ils avoient que Darius estoit mort. Il ne faut pas s'étonner ſi cet Eunuque paroiſt reſſentir plus particulierement le coup d'vne ſi mauvaiſe fortune, puiſque les Eunuques eſtans des Officiers conſiderables chez les Rois de Perſe, ils participoient plus que perſonne à la diſgrace de Darius.

Cette Cour eſtant compoſée de divers ſexes & de Nations differentes; il y a derriere l'Eunuque dont je viens de parler, deux Figures bien contraires dans leurs expreſſions. L'vne repreſente vn Eſclave Barbare, & l'autre vne Femme Greque; car on connoiſt la naiſſance de celle-cy par la blancheur & par la vivacité de ſon coloris. Son action & ſes regards témoignent qu'elle entend le langage d'Alexandre; & parce que dans les lieux éloignez on a toûjours vne inclination naturelle pour ceux de ſon païs, on remarque fort bien qu'elle a vne ſecrette joye de voir ce Prince. Cet Eſclave qui eſt devant elle n'eſt pas dans vn pareil eſtat, au contraire ne concevant rien de ce que dit le Roy, il ſemble en eſtre en peine & s'en informer à cette Femme Greque. Et parce que cette ſorte de gens tels que ce Barbare eſt repreſenté, ont ordinairement l'ame vile & baſſe, ils craignent toutes choſes; & n'eſtans pas capables de ſentimens genereux, ils font des autres vn pareil jugement; C'eſt pourquoy on voit cette crainte baſſe & poltronne, admirablement peinte en la perſonne de cet Eſclave, qui n'oſe pas attendre du Victorieux vn traitement favorable. Quant à la Femme Greque, n'ayant pas yne ſemblable apprehenſion, elle écoute & regarde Alexandre avec plaiſir, & au lieu de répondre à ce Barbare, elle luy marque du doigt qu'il ait à ſe taire & à ne la pas interrompre.

Derriere cette Greque paroiſt vn Preſtre Egyptien paré de ſa coeffure & de ſes habits Sacerdotaux, lequel ayant peine à voir Alexandre à cauſe de ceux qui ſont devant luy, leve la teſte & ſemble ſe hauſſer ſur le bout des pieds pour le mieux conſiderer. Et parce que ces Preſtres eſtoient ſçavans dans les langues, on connoiſt bien que celuy-cy entend ce que dit Alexandre, & qu'il le regarde d'vne maniere toute particuliere.

Il y a auprés de ce Preſtre vne Femme Egyptienne, qui n'a pas vne moindre application pour les choſes qu'elle voit. Ses ſourcils levez; ſes yeux, ſa bouche & ſes mains ouvertes font voir la force de ſon attention, & comme quoy n'entendant pas la langue greque, elle tâche de comprendre quelque chose en ce qui se passe.

Au dessous d'elle est vne Femme More, qui ne pouvant rien voir du lieu où elle est, semble parler à l'Egyptienne : mais celle-cy est trop occupée pour répondre à l'autre.

On voit encore plus avant sous la tente qui sert de vestibule, quelques Figures, entre autres celle d'vn Soldat More qui est tout effrayé, parce qu'il ne voit rien de ce qui se fait.

Cette Femme qui est aux pieds d'Ephestion, paroist toute surprise & de l'arrivée des Princes, & de ce que Sysigambis s'étoit méprise, en prenant Ephestion pour le Roy. Enfin toutes les sortes de passions dont l'on peut estre touché dans vne pareille occasion, sont parfaitement exprimées non seulement sur le visage de toutes ces Figures, mais encore dans tous leurs mouvemens. Et ce sont ces differentes actions & cette varieté d'expressions qui engendrent ce beau contraste que l'on doit admirer dans ce Tableau.

Car comme il y a dans tous les hommes deux sortes de mouvemens, celuy de l'ame & celuy du corps ; & que d'ordinaire le mouvement du corps suit le mouvement de l'ame ;

c'eſt où l'on connoiſt qu'vn Peintre eſt ſçavant dans ce qui regarde les paſſions, quand il ſçait marquer parfaitement ces differens caracteres.

L'Ecole de Florence prenoit vn ſoin ſi particulier de repreſenter dans ſes Tableaux vne diverſité de mouvemens, qu'elle ne pouvoit ſouffrir de Figures dont les attitudes ne fuſſent entierement oppoſées ; En ſorte que quand vne jambe où vn bras avançoient, elle vouloit que l'autre bras où l'autre jambe ſe retiraſſent en arriere. Mais à dire vray, c'eſt en cette trop grande affectation que ceux de cette Ecole ont beaucoup peché; car en penſant faire paroiſtre leurs Figures plus animées & plus agiſſantes, ils ont fait en pluſieurs endroits mille poſtures extravagantes, n'ayant pas eu aſſez de diſcretion pour conſerver ce qui eſtoit neceſſaire & bien-ſeant.

L'Ecole de Rome a eſté plus judicieuſe, ayant donné à ſes Figures des mouvemens naturels & convenables aux divers ſujets qu'elle a entrepris de repreſenter; Et c'eſt auſſi dans l'Ouvrage dont je parle que paroiſt vn rare exemple d'vne ſi belle conduite.

Car on y peut remarquer qu'Alexandre venant pour raſſurer la famille de Darius qui eſtoit dans la crainte & dans le desordre; il y a dans toutes les actions de ce Prince & dans celles d'Epheſtion, vn certain calme & vne tranquillité qui ne témoignent que du repos & de la douceur. Et dans la Cour des Reines on voit vne émotion & vne diverſité de mouvemens, qui monſtrent l'étonnement, la crainte, la douleur, & toutes les autres paſſions dont ces perſonnes ſont émües.

Cependant vne ſi grande varieté de choſes n'empeſche en aucune façon l'vnité du ſujet; mais au contraire toutes ces diverſes expreſſions & tous ces differens mouvemens contribüent à repreſenter vne ſeule action, comme ſi c'eſtoit autant de lignes qui ſe joigniſſent à leur centre; ny ayant rien dans toutes ces Figures qui ne ſoit neceſſaire, n'y qu'on puiſſe retrancher comme ſuperflu ou inutile.

Mais ſi l'vnité de l'action eſt obſervée avec tant de ſcience & de jugement, l'vnité de la lumiere & l'vnité des couleurs ne ſont pas traitées avec moins d'art & de beauté. Et ces choſes-là meritent d'autant plus d'eſtre conſiderées, qu'elles ſont les moins faciles à repreſenter, & celles qui plaiſent davantage à la veüe. Auſſi V. M. ſçait bien l'eſtime que l'on a pour les Tableaux où l'on remarque vne belle vnion de couleurs, & combien l'on ſe récrie quand on voit que la lumiere & les ombres y trompent agreablement les yeux. C'eſt ce qui fit dire à V. M. en regardant cet Ouvrage, lors qu'on le porta dans ſon Cabinet des Peintures, qu'il conſervoit au milieu de tant de rares Tableaux, vn éclat & vne force que rien n'eſtoit capable d'effacer.

Et certes ce n'eſt pas ſans raiſon que l'on a tant d'admiration pour cette partie de la Peinture: Car quoy que la Nature qui eſt la maîtreſſe de tous les Peintres, leur apprenne tous les jours comment la lumiere ſe répend, ainſi qu'vne liqueur ſur tous les corps qu'elle éclaire; neanmoins quand ce vient à l'execution, ils rencontrent tant de difficultez à bien imiter la Nature, que les meilleurs d'entre eux n'y reüſſiſſent pas toûjours.

Cependant on voit dans le Tableau dont je traite, que toutes ces difficultez ont eſté ſurmontées, & que l'Art y égale la Nature. Car la Figure qui repreſente Alexandre eſtant la principale de toutes, elle eſt placée dans vn endroit où la lumiere éclaire avec plus de force; Et quand aux autres Figures elles ſont diſpoſées de telle ſorte, que le jour venant à ſe répendre davantage ſur les plus dignes, il ſe communique en ſuite ſur les autres à meſure qu'elles ſont plus ou moins éloignées.

Mais ce qui merite principalement d'eſtre conſideré, eſt que cette lumiere s'étend avec tendreſſe & amour ſur les carnations; qu'elle ſe porte & ſe reflechit avec grace & vivacité ſur les veſtemens; & qu'elle frappe avec force & avec éclat ſur les armures & ſur les ornemens, parce qu'ils ſont d'vne matiere plus ſolide, & que la lumiere fait toûjours des effets differens, non ſeulement ſur les differentes matieres, mais encore ſur les differentes figures, comme ſont les ſuperficies plates, les convexes & les concaves.

Quant à ce qui regarde l'vnité des couleurs, c'eſt vne choſe admirable de voir comment en cela le Peintre s'eſt ſervi de moyens tout-à-fait rares & merveilleux. Car tout ainſi que dans ce Tableau il y a vn point de lumiere où eſt toute la force du jour, qui ſe répend en ſuite ſur tout le reſte; De meſme il y a vne couleur principale, plus vive & plus forte dans vn endroit particulier, qui ſe communique aprés à toutes les autres parties. Et comme l'vnité d'action vient de ce que tous les mouvemens, quoy que differens entre eux, ont rapport à vn ſeul ſujet; De meſme toutes les

couleurs

couleurs quoy que differentes & de plusieurs natures, sont si bien disposées les vnes auprés des autres, qu'elles ont vne convenence avec la principale & la plus vive, qui est comme la maistresse.

Car si l'on examine le choix qu'il en a fait dans les vestemens de ses Figures, on pourra juger qu'il n'a point travaillé au hazard, ny conduit son Ouvrage aveuglement & par vne simple pratique; mais qu'il connoist parfaitement les raisons de son Art, qu'il s'en est fait des regles infaillibles, qui donnent à ses Tableaux cette beauté & cette excellence qui les rendent si recommandables.

Il sçait qu'il y a dans les couleurs des lumieres imparfaites, & que toutes les couleurs ne sont differentes les vnes des autres que par le plus ou le moins de lumiere que chacune d'elles possedent. Que comme le blanc épand dauantage la veuë, & que le noir la resserre; de mesme toutes les autres couleurs font à l'œil des effets differens, selon qu'elles ont vne plus grande ou moindre portion de lumiere. Ainsi ce que les autres Peintres appellent l'amitié des couleurs, n'est autre chose qu'vn juste rapport des parties égales ou inégales que nos yeux rencontrent quand ils passent d'vne couleur à vne autre. Et ce qu'ils nomment Antipathie, eſt la diſproportion qu'il y a entre deux couleurs qui ont vne portion de lumiere ſi differente & ſi inégale, qu'il s'en fait comme vne diſſonance tres-deſagreable, & pareille à celle des tons faux qui provient de ce que les nombres ſont irreguliers. Car de meſme que dans la Muſique l'accord des ſons ou des voix engendre cette belle harmonie qui fait le plaiſir des oreilles; auſſi l'accord qui ſe trouve entre les couleurs, produit cette autre harmonie muette dont les yeux ſont ſi agreablement charmez.

Or le Peintre a ſi bien connu le rapport qu'il y a des couleurs les vnes aux autres, l'ordre qu'elles gardent naturellement entre elles, leur force & leur & foibleſſe; la diminution de leurs teintes & demy teintes, qu'il en fait vn concert merveilleux.

Et comme ſur vn inſtrument de Muſique l'on met en vniſon les cordes qui ſont de differentes groſſeurs; il a auſſi trouvé cet Art ſi excellent d'vnir enſemble les couleurs qui ſont de force inégale. Car en les rompant ou mélant les vnes avec les autres, il fait en ſorte que n'eſtans plus entieres ny pures, il ſe trouve qu'vn verd rompu de rouge s'accorde avec vn bleu rompu de blanc, parce que le bleu pur qui ſeroit en diſſonance avec vn verd pur, à cauſe de l'inégale quantité de lumiere que chacune de ces couleurs poſſede, ſe trouve comme en vniſon (ſi j'oſe me ſervir de ce terme) par le moyen du blanc & du rouge qui modifient les deux autres couleurs, & les mettent dans vn certain degré de force qui cauſe leur vnion. Et meſme pour paſſer encore plus doucement d'vne couleur à vne autre, il ſe ſert des reflais de toutes les couleurs qui communiquent leurs lumieres les vnes aux autres.

Ceux qui ont écrit de l'excellence des Peintures anciennes, ont parlé de la conduite des couleurs comme d'vne choſe rare & tout-à-fait recommandable. Mais pour bien juger de cette belle conduite & de l'effet des couleurs, il ne faut que conſiderer comment elles ſont ſi judicieuſement placées dans ce Tableau, que l'œil paſſe inſenſiblement de l'vne à l'autre ſans trouver rien qui l'offenſe par trop de diſproportion ou de dureté.

Car comme Epheſtion eſt la premiere Figure dans l'ordonnance de cet Ouvrage qui reçoit le jour à plain & ſans aucun reflais des autres corps, ſon manteau eſt d'vn rouge d'écarlate, qui ne participe en aucune façon des couleurs voisines.

Quant au manteau d'Alexandre, il est fait de laque, rehaussé de jaune, non seulement pour representer vn manteau de pourpre tissu d'or, qui est vne étoffe convenable à la qualité de Roy, mais aussi pour s'vnir, & à la couleur d'écarlate dont Ephestion est vestu, & au manteau de la Reine Femme de Darius, qui est d'vne autre couleur de pourpre plus violete; car les anciens en avoient de plusieurs façons; & la plus precieuse estoit celle dont les étoffes estoient teintes aprés qu'elles avoient receu vne premiere couleur dans la graine d'écarlate.

Ce manteau de la Reine, qui est comme j'ay dit, d'vne pourpre plus violete, & dont les rehauts tirent sur le bleu, s'accorde parfaitement bien avec l'habit de la Nourice, qui est d'vn bleu sale, & avec le manteau de Statira, qui est d'vn bleu pasle rehaussé d'or.

Et comme j'ay remarqué qu'il y a vne principale couleur plus vive & plus pure, qui est cette couleur rouge dont Ephestion est vestu, on voit qu'elle se communique insensiblement à toutes les autres draperies, & mesme elle semble renaistre, pour ainsi dire, dans le manteau de la plus jeune des Filles de Darius, pour ſe joindre avec plus d'éclat aux habits de ce Perſan, qui a le viſage contre terre.

La Gouvernante eſt veſtuë d'vne étoffe changeante de verd & de rouge, & ces deux couleurs conviennent admirablement, non ſeulement avec l'habit du Perſan, & la robe verte de cette autre Femme qui eſt derriere la Gouvernante; mais encore avec les veſtemens de la jeune Princeſſe dont la robe participe de toutes les couleurs qui ſont autour d'elle, tant à cauſe qu'elle eſt d'vne étoffe changeante, qu'à cauſe des reflais des autres couleurs.

Le manteau de Syſigambis eſtant de drap d'or, domine avec grace & majeſté ſur tous les autres veſtemens, & s'vnit avec les ornemens & les étoffes qui ſont relevées d'or. Et c'eſt cette belle conduite de couleurs & cette judicieuſe diminution des teintes qui produiſent cette force, cette douceur & cette grace qui rend ce Tableau ſi agreable à tout le monde.

Anciennement ceux qui repreſentoient la Comedie avoient de coûtume de couvrir l'Orcheſtre avec de la laine, afin d'émouſſer par cet artifice la voix du Chœur qui chantoit ſur le Theatre. Et Alexandre ayant fait baſtir dans la ville de Pella vn lieu pour la Comedie, & voulant pour le rendre plus beau & plus riche que le devant de la Scene du Theatre fût d'vn bronze bien poli, l'Architecte l'en empescha, luy remontrant que la voix des Comediens paroistroit moins belle & moins douce à l'oreille, parce que venant à fraper contre cette matiere dure & polie, elle se rendroit trop éclatante.

Il en est de mesme dans la Peinture, où la trop grande vivacité offense la veuë. C'est pourquoy Appellés cet excellent Peintre se servoit d'vn vernix dont il couvroit ses ouvrages pour diminuer la force des couleurs. Et l'on peut considerer dans ce Tableau de quelle maniere le Peintre les a éteintes & leur a osté de leur éclat & de leur vivacité naturelle, afin de les affoiblir & d'empescher qu'elles n'offensent la veuë par vne trop vive lumiere.

Mais, SIRE, je craindrois d'estre trop ennuyeux à V. M. si je m'arrestois davantage à remarquer tout ce qu'il y a de considerable dans cet Ouvrage. Ie prendray seulement la liberté de luy dire encore que pour le dessein, qui est le fondement de la Peinture, il est traité avec tout l'art & toute la grace qu'on sçauroit desirer, non seulement dans tous les corps en general, mais mesme dans les moindres parties qui composent ce Tableau. Car la beauté du peindre & le noyement des couleurs n'empeſchent pas qu'on ne découvre aiſément de quelle ſorte les contours de toutes les Figures ſont marquez & les traits prononcez (V. M. me permettra d'vſer de ce mot) avec tant de force, tant de netteté , tant d'eſprit & tant de grace, qu'on ne peut rien voir de plus correct ny de plus achevé.

Et parce qu'il y a deux ſouveraines qualitez dans ce Tableau ; l'vne , la force & l'expreſſion du Deſſein; l'autre, la beauté & l'artifice du Coloris ; Il faut avoüer que s'il eſt recommandable parmy les Sçavans par la grandeur du deſſein , il n'eſt pas moins merveilleux ny moins agreable à tout le monde par la beauté des couleurs. Car elles ſont ſi admirables dans tous les ſujets , ſoit dans les hommes , ſoit dans les femmes , dans le prés , dans le loin , dans les endroits les plus éclairez , dans ceux qui le ſont le moins , que tout y paroiſt vray & naturel. Le clair & l'obſcur ſont traitez avec vne entente ſi belle & ſi ſçavante qu'il n'y a rien qui n'ait de la rondeur & du relief. Car j'oſe dire à V. M. que ces jours & ces ombres , ces teintes & demy teintes que l'on void dans la Nature , ſont imitez avec vn artifice ſi merveilleux, que ſi l'on n'eſt pas entierement trompé en prenant ces Figures pour de veritables perſonnes, ny auſſi ſurpris que ſi cette action ſe paſſoit en effet, c'eſt par le defaut des yeux, & non pas par celuy de l'Ouvrage. Car l'Art eſt allé juſques où il peut aller pour tromper la veuë. Mais comme il ſort des yeux deux rayons qui cherchent à embraſſer les corps en les voulant connoiſtre, il ne faut pas s'étonner ſi les corps qui ne ſont que peints ſur vne ſuperficie plate ne font pas à la veuë vne ſenſation égale aux corps de relief.

Que ſi l'Ouvrier n'a pû en cette rencontre ſurmonter cet obſtacle, & faire que l'Art égalaſt la Nature, il a d'ailleurs ſurmonté la Nature en ce qui regarde les proportions, la beauté & la grace: c'eſt ce qui a fait dire à vn Ancien, en parlant des plus ſçavans Peintres de ſon temps, qu'ils faiſoient des choſes qui ſurpaſſoient la Nature, en repreſentant dans leurs Tableaux des beautez plus achevées que celles qu'elle produit.

Car en effet, quel air & quelle bonne mine ce grand Peintre de noſtre temps n'a-t-il pas donnée à ces Heros ? quelle grandeur, quelle nobleſſe & quelle beauté n'a-t-il point repreſentées dans les viſages des Reines & des Princeſſes ? Peut-on dire qu'il n'ait pas meſme

encheri

encheri ſur les Hiſtoriens qui ont parlé de la Femme de Darius & de ſes deux Filles comme des plus belles perſonnes de l'Orient. La negligence & la ſimplicité de leurs veſtemens diminuë-t-elle quelque choſe de la majeſté & de la bien-ſeance? au contraire cette ſimplicité de draperies donne du luſtre aux carnations; Et il ne doit pas craindre vn reproche pareil à celuy qu'vn ſçavant Peintre fit à vn de ſes diſciples, qui avoit repreſenté Helene riche en habits & en ornemens, mais pauvre en beauté, puis qu'il a eu plus de ſoin de rendre ces Princeſſes conſiderables par la grace & par la beauté, que par des ornemens & des parures.

Enfin, l'on voit que ce ſujet eſt traité avec toute la grandeur, la majeſté & la convenence qu'il merite; & c'eſt aſſez dire, qu'il a eu le bon-heur de plaire à V. M.

Mais vn Pinceau ſi ſçavant ne doit pas s'arreſter davantage à honorer les Princes de Grece; ils ont eu leurs Appellés & leurs Zeuxis. Et puis que nous ſommes dans vn ſiecle où la France fournit des choſes ſi memorables, & qui ſeront ſans doute l'admiration des ſiecles avenir; il faut qu'il s'occupe à des ſujets plus nouveaux & plus étendus. Car comme nous avons le bon-heur d'eſtre gouvernez par vn Monarque qui efface tout ce que ces anciens Conquerans ont fait de plus ſignalé ; cet excellent Peintre peut-il mieux employer deſormais ſes veilles & faire paroiſtre ſes riches talens, qu'à repreſenter les hautes actions de V.M. & de tant de vertus qu'elle poſſede, nous en faire vne Peinture qui ſoit à l'avenir le plus délicieux objet de nos regards.

Quand il entreprendra de ſi dignes Ouvrages, on y verra V. M. comme nous la voyons dans l'Hiſtoire, c'eſt à dire, qu'elle paroiſtra toûjours admirable & glorieuſe. Et ce fidéle Peintre marquera avec des traits ſi forts & ſi hardis voſtre Image, qu'on n'aura pas peine à la connoiſtre.

Que j'aurois de joye, SIRE, s'il m'eſtoit vn jour permis d'eſtre l'Interprete de ces merveilleux Tableaux, afin d'avoir au moins la gloire de faire voir à tout le monde avec combien de reſpect & de paſſion, je ſuis,

SIRE,

De VOSTRE MAIESTE'

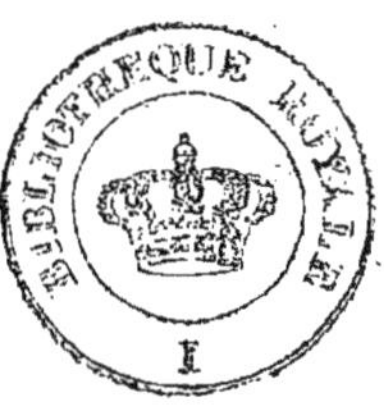

Le tres-humble, tres-obeïſſant & tres-fidéle ſerviteur & ſujet FELIBIEN.

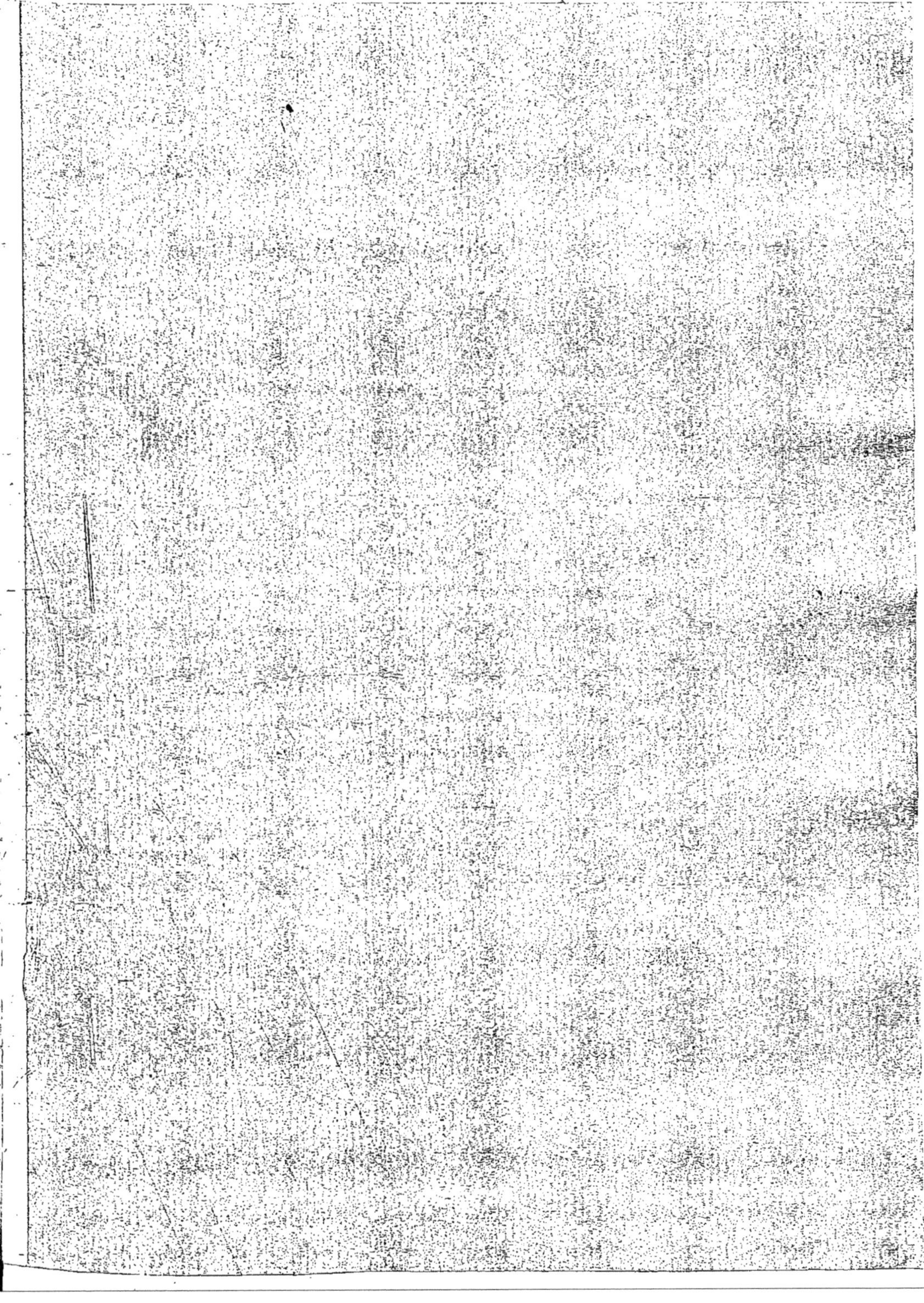

www.ingramcontent.com/pod-product-compliance
Ingram Content Group UK Ltd.
Pitfield, Milton Keynes, MK11 3LW, UK
UKHW020949220726
13924UKWH00002B/589